In der Reisemaus-Serie bereits erschienen:
Die Reisemaus in Italien
Die Reisemaus in Spanien
Die Reisemaus in Großbritannien

Die Abenteuer der Reisemaus sind auch als CDs/MCs
bei Universal Family Entertainment erhältlich.
Die Reisemaus im Internet: www.reisemaus.com

Die Deutsche Bibliothek – CIP-Einheitsaufnahme
Ein Titeldatensatz für diese Publikation
ist bei Der Deutschen Bibliothek erhältlich

Lenz, Angela:
Die Reisemaus in Dänemark
ISBN 3 522 43396 3

Übersetzung: Jørn B. Møller
Einbandtypografie: Michael Kimmerle
Innentypografie: Bettina Wahl
Schrift: Garamond Condensed, Kosmik
Reproduktion: Photolitho AG in Gossau/Zürich
Druck und Bindung: J.P. Himmer in Augsburg

5 4 3 2 1* 02 03 04 05

Thienemann im Internet: www.thienemann.de

ANGELA LENZ

Die Reisemaus in Dänemark

THIENEMANN

Ein Reiseführer für Kinder

Auf in den Norden!

Die Reisemaus und ihre Freunde spielen gerade Verstecken, da kommt Besuch. Jørn aus Dänemark! Was für eine Überraschung!
»Komm, steig auf, Reisemaus! Wir fliegen zusammen nach Dänemark!«
»Au ja!« Schnell noch das Nötigste packen und los geht's.

Rot-weiß ist der Danebrog

So heißt die Flagge von Dänemark.
Wenn du irgendwo ein durchgestrichenes O siehst, heißt das nicht, dass sich jemand verschrieben hat.
Ø bedeutet Ö!
Dänemark ist fast überall von Wasser umgeben. Kein Wunder, dass man hier super angeln kann! Und nicht nur Schuhe!

Skagerrak
Frederikshavn
Aalborg
Schweden
Kattegat
Viborg
Kopenhagen
Esbjerg
Fanø
Odense
Born-
holm
Nykøbing F
Flensburg
Deutschland

Willkommen in København!

So heißt Kopenhagen, die Hauptstadt, auf Dänisch. Jørn zeigt der Reisemaus die Statue von der kleinen Meerjungfrau aus Andersens Märchen. »Und jetzt«, sagt Jørn, »wollen wir etwas ganz Besonderes essen – das gibt es bei euch nicht, wollen wir wetten?«

Quietschrote Würstchen

Stimmt! So rote Würstchen hat die Reisemaus noch nie gegessen. Sie heißen Pølser. »Komm, ich zeig dir den Tivoli! Das ist ein riesiger Rummelplatz mitten in Kopenhagen«, sagt Jørn.

Is und Øl?

»Was bedeutet das, Jørn?«
»Is ist Eiscreme und Øl ist Bier!«
Jørn erzählt der neugierigen Reisemaus noch mehr von Dänemark.
»Mange tak!«, bedankt sich die Reisemaus bei ihrem Reiseführer.

»Wir haben eine sehr nette Königin. Sie heißt Margarethe die Zweite.«

»In Dänemark siehst du viele Leuchttürme und Hünengräber.«

…nnistag machen wir ein großes Feuer, das Sanct Hans Fyr.«

»Am Strand kann man Bernstein finden. Manchmal steckt dort eine Millionen Jahre alte Fliege drin.«

»Wir essen gerne Smørrebrød: Das sind ganz verschiedene leckere Brote!«

Wilde Wikinger

Die lebten einst in Dänemark, erklärt Jørn der Reisemaus. Mit ihren schnellen Drachenschiffen eroberten sie viele Länder, zum Beispiel auch Amerika.

ENGLAND
AMERIKA
FRANKREICH

Die Schneekönigin
Des Kaisers neue Kleider
Die roten Schuhe

Der berühmte Märchendichter

Er hieß Hans Christian Andersen und seine Märchen sind weltberühmt. Mal sehen, wie viele du davon kennst, kleine Reisemaus!

Wenn du das Buch auf den Kopf stellst, kannst du die Namen der Märchen lesen!

Schatzsuche am Strand

Auf der Insel Fanø lassen Jørn und die Reisemaus Drachen steigen.
Und dann finden sie am Strand einen großen Bernstein. Toll!
So ein Fund muss unbedingt gefeiert werden – mit einer Portion »is«.

Ja! Ja!

Wo geht's zum Kro?

Ein »Kro« ist ein Krug, ein Lokal. Jørn lädt die Reisemaus ein:»Hast du Hunger auf frisch geräucherten Fisch?« Und ob die Reisemaus Hunger hat – was für eine Frage!

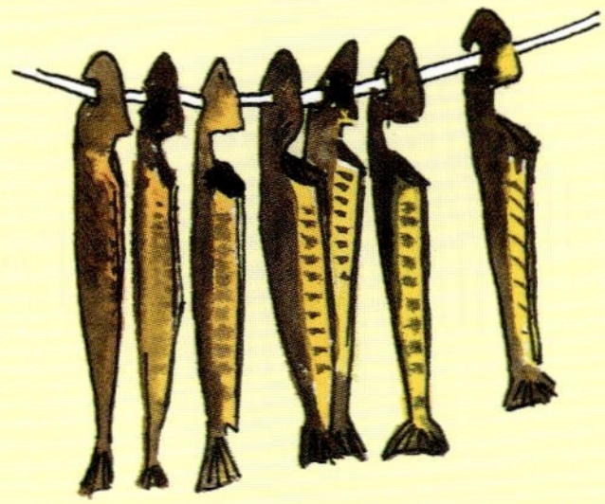

»Farvel, Dänemark! Auf Wiedersehen!«

Zum Schluss der Reise gehen die beiden Freunde angeln. Das macht Spaß! Wie schade, dass die Reisemaus nun wieder nach Hause muss …

Smørrebrød für alle

Zu Hause lädt die Reisemaus all ihre Freunde zum großen Smørrebrød- und Pølser-Essen ein.
Und nachts, in ihrem kuscheligen Bett, träumt die Reisemaus schon von ihrem nächsten Abenteuer …

So sagt man das auf Dänisch

Zahlen

eins	en/et
zwei	to
drei	tre
vier	fire
fünf	fem
sechs	seks
sieben	syv
acht	otte
neun	ni
zehn	ti

Essen und Trinken

Ich habe Hunger.	Jeg er sulten.
Ich habe Durst.	Jeg er tørstig.
Ich bin satt.	Jeg er mæt.
Das schmeckt toll!	Det smager godt!
Das schmeckt mir nicht!	Det kan jeg ikke lide!

Wo?

Wo ist der Strand?	Hvor ligger stranden?
Wo ist hier der Spielplatz?	Hvor er legepladsen?
Wo gibt es Eis?	Hvor kan man købe is?
Wo ist das Klo?	Hvor er toilettet?
Wo ist meine Mama?	Hvor er min mor?
Wo ist mein Papa?	Hvor er min far?

Freunde finden

Guten Tag!	God dag!
Hallo!	Hej!
Auf Wiedersehen!	Farvel!
Danke.	Tak.
Wie heißt du?	Hvad hedder du?
Ich heiße …	Jeg hedder …
Sprichst du deutsch?	Kan du snakke tysk?
Ich verstehe nicht.	Jeg forstår ikke.
Wollen wir zusammen spielen?	Vil du lege med mig?

Hilfe!

Kannst du mir helfen?	Kan du hjælpe mig?
Ich habe mich verlaufen.	Jeg er faret vild.
rechts	højre
links	venstre
geradeaus	ligeud
Ich brauche einen Arzt.	Jeg har brug for en læge.
Es tut hier weh.	Det gør ondt.
Mir ist schlecht.	Jeg er dårlig.

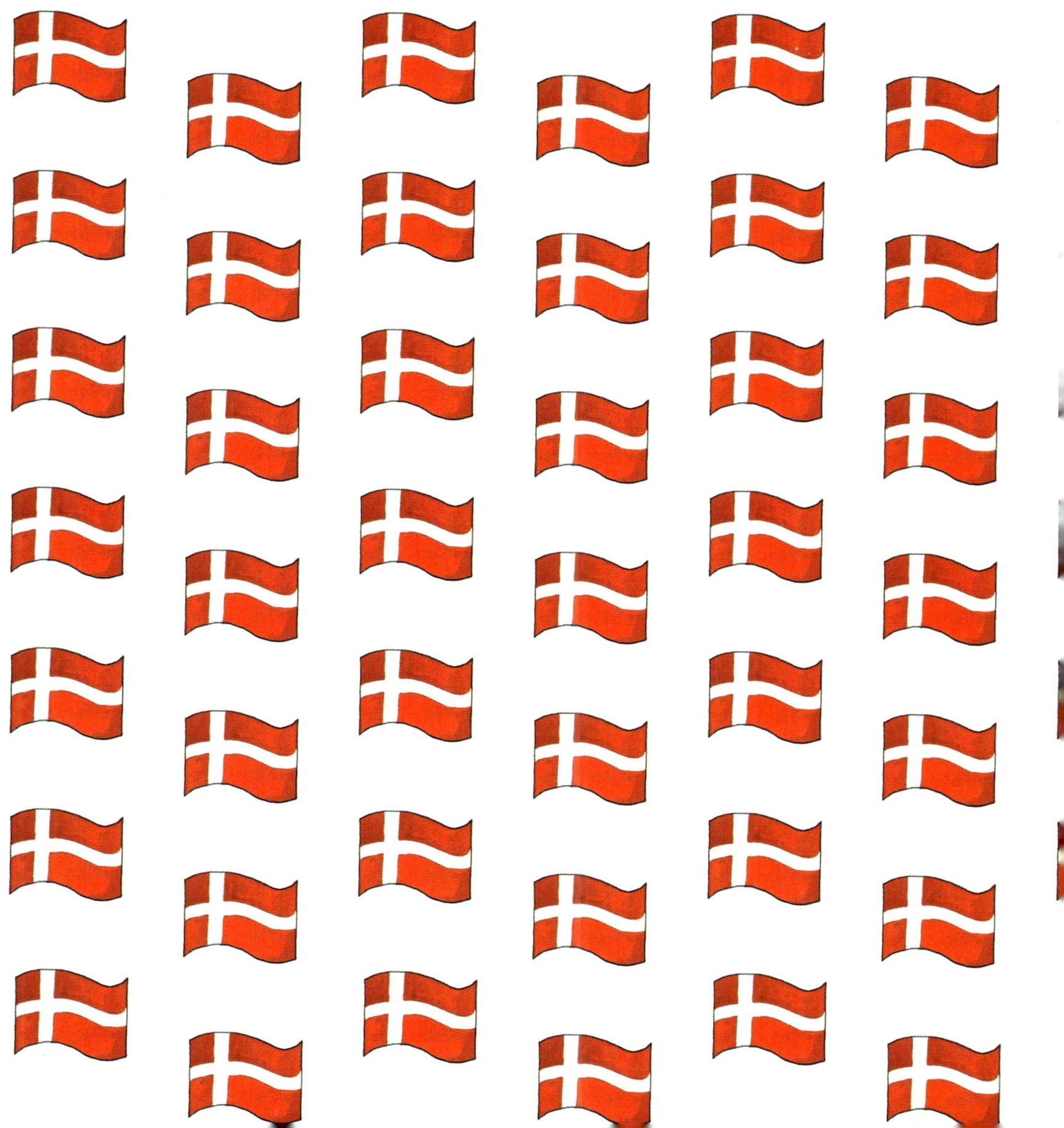